This Recipe Book Belongs To:

_____

Recipe

SERVES: **PREP TIME:** **BAKE TIME:**

Ingredients

Instructions

Recipe

SERVES: **PREP TIME:** **BAKE TIME:**

Ingredients

Instructions

Recipe

SERVES: **PREP TIME:** **BAKE TIME:**

Ingredients

Instructions

Recipe

SERVES: **PREP TIME:** **BAKE TIME:**

Ingredients

Instructions

Recipe

SERVES: **PREP TIME:** **BAKE TIME:**

Ingredients

Instructions

Recipe Planner

RECIPE:

SOURCE:

RATING:

★ ★ ★ ★ ★

SERVINGS

PREP TIME

BAKE TIME

INGREDIENTS

DIRECTIONS

Notes

Recipe Reviews

RECIPE	REVIEWS DIFFICULTY LEVEL	RATING
	1 2 3 4 5	★ ★ ★ ★ ★
	1 2 3 4 5	★ ★ ★ ★ ★
	1 2 3 4 5	★ ★ ★ ★ ★
	1 2 3 4 5	★ ★ ★ ★ ★
	1 2 3 4 5	★ ★ ★ ★ ★
	1 2 3 4 5	★ ★ ★ ★ ★
	1 2 3 4 5	★ ★ ★ ★ ★
	1 2 3 4 5	★ ★ ★ ★ ★
	1 2 3 4 5	★ ★ ★ ★ ★
	1 2 3 4 5	★ ★ ★ ★ ★
	1 2 3 4 5	★ ★ ★ ★ ★
	1 2 3 4 5	★ ★ ★ ★ ★
	1 2 3 4 5	★ ★ ★ ★ ★
	1 2 3 4 5	★ ★ ★ ★ ★
	1 2 3 4 5	★ ★ ★ ★ ★
	1 2 3 4 5	★ ★ ★ ★ ★
	1 2 3 4 5	★ ★ ★ ★ ★
	1 2 3 4 5	★ ★ ★ ★ ★
	1 2 3 4 5	★ ★ ★ ★ ★

FAVORITE RECIPES	SERVINGS	PREP TIME	BAKING TIME

Recipe Notes

Ideas

Notes

Recipe

SERVES: **PREP TIME:** **BAKE TIME:**

Ingredients

Instructions

Recipe

SERVES: **PREP TIME:** **BAKE TIME:**

Ingredients

Instructions

Recipe

SERVES: **PREP TIME:** **BAKE TIME:**

Ingredients

Instructions

Recipe

SERVES: **PREP TIME:** **BAKE TIME:**

Ingredients

Instructions

Recipe

SERVES: **PREP TIME:** **BAKE TIME:**

Ingredients

Instructions

Recipe Planner

RECIPE:

SOURCE:

SERVINGS

RATING:

★ ★ ★ ★ ★

PREP TIME

BAKE TIME

INGREDIENTS

DIRECTIONS

Notes

Recipe Reviews

RECIPE

REVIEWS
DIFFICULTY LEVEL

RATING

1 2 3 4 5 ★ ★ ★ ★ ★

1 2 3 4 5 ★ ★ ★ ★ ★

1 2 3 4 5 ★ ★ ★ ★ ★

1 2 3 4 5 ★ ★ ★ ★ ★

1 2 3 4 5 ★ ★ ★ ★ ★

1 2 3 4 5 ★ ★ ★ ★ ★

1 2 3 4 5 ★ ★ ★ ★ ★

1 2 3 4 5 ★ ★ ★ ★ ★

1 2 3 4 5 ★ ★ ★ ★ ★

1 2 3 4 5 ★ ★ ★ ★ ★

1 2 3 4 5 ★ ★ ★ ★ ★

1 2 3 4 5 ★ ★ ★ ★ ★

1 2 3 4 5 ★ ★ ★ ★ ★

1 2 3 4 5 ★ ★ ★ ★ ★

1 2 3 4 5 ★ ★ ★ ★ ★

1 2 3 4 5 ★ ★ ★ ★ ★

1 2 3 4 5 ★ ★ ★ ★ ★

1 2 3 4 5 ★ ★ ★ ★ ★

1 2 3 4 5 ★ ★ ★ ★ ★

FAVORITE RECIPES   **SERVINGS**   **PREP TIME**   **BAKING TIME**

Recipe Notes

Ideas

Notes

Recipe

SERVES: **PREP TIME:** **BAKE TIME:**

Ingredients

Instructions

Recipe

SERVES: **PREP TIME:** **BAKE TIME:**

Ingredients

Instructions

Recipe

SERVES: **PREP TIME:** **BAKE TIME:**

Ingredients

Instructions

Recipe

SERVES:　　　　**PREP TIME:**　　　　**BAKE TIME:**

Ingredients

Instructions

Recipe

SERVES: **PREP TIME:** **BAKE TIME:**

Ingredients

Instructions

Recipe Planner

RECIPE:

SOURCE:

SERVINGS

RATING:

★ ★ ★ ★ ★

PREP TIME

BAKE TIME

INGREDIENTS

DIRECTIONS

Notes

Recipe Reviews

RECIPE	REVIEWS DIFFICULTY LEVEL	RATING
	1 2 3 4 5	★ ★ ★ ★ ★
	1 2 3 4 5	★ ★ ★ ★ ★
	1 2 3 4 5	★ ★ ★ ★ ★
	1 2 3 4 5	★ ★ ★ ★ ★
	1 2 3 4 5	★ ★ ★ ★ ★
	1 2 3 4 5	★ ★ ★ ★ ★
	1 2 3 4 5	★ ★ ★ ★ ★
	1 2 3 4 5	★ ★ ★ ★ ★
	1 2 3 4 5	★ ★ ★ ★ ★
	1 2 3 4 5	★ ★ ★ ★ ★
	1 2 3 4 5	★ ★ ★ ★ ★
	1 2 3 4 5	★ ★ ★ ★ ★
	1 2 3 4 5	★ ★ ★ ★ ★
	1 2 3 4 5	★ ★ ★ ★ ★
	1 2 3 4 5	★ ★ ★ ★ ★
	1 2 3 4 5	★ ★ ★ ★ ★
	1 2 3 4 5	★ ★ ★ ★ ★
	1 2 3 4 5	★ ★ ★ ★ ★

FAVORITE RECIPES	SERVINGS	PREP TIME	BAKING TIME

Recipe Notes

Ideas

Notes

Recipe

SERVES: **PREP TIME:** **BAKE TIME:**

Ingredients

Instructions

Recipe

SERVES: **PREP TIME:** **BAKE TIME:**

Ingredients

Instructions

Recipe

SERVES: **PREP TIME:**   **BAKE TIME:**

Ingredients

Instructions

Recipe

SERVES: **PREP TIME:** **BAKE TIME:**

Ingredients

Instructions

Recipe

SERVES: **PREP TIME:** **BAKE TIME:**

Ingredients

Instructions

Recipe Planner

RECIPE:

SOURCE:

SERVINGS

RATING:

★ ★ ★ ★ ★

PREP TIME

BAKE TIME

INGREDIENTS

DIRECTIONS

Notes

Recipe Reviews

RECIPE	REVIEWS DIFFICULTY LEVEL	RATING
	1 2 3 4 5	★ ★ ★ ★ ★
	1 2 3 4 5	★ ★ ★ ★ ★
	1 2 3 4 5	★ ★ ★ ★ ★
	1 2 3 4 5	★ ★ ★ ★ ★
	1 2 3 4 5	★ ★ ★ ★ ★
	1 2 3 4 5	★ ★ ★ ★ ★
	1 2 3 4 5	★ ★ ★ ★ ★
	1 2 3 4 5	★ ★ ★ ★ ★
	1 2 3 4 5	★ ★ ★ ★ ★
	1 2 3 4 5	★ ★ ★ ★ ★
	1 2 3 4 5	★ ★ ★ ★ ★
	1 2 3 4 5	★ ★ ★ ★ ★
	1 2 3 4 5	★ ★ ★ ★ ★
	1 2 3 4 5	★ ★ ★ ★ ★
	1 2 3 4 5	★ ★ ★ ★ ★
	1 2 3 4 5	★ ★ ★ ★ ★
	1 2 3 4 5	★ ★ ★ ★ ★
	1 2 3 4 5	★ ★ ★ ★ ★
	1 2 3 4 5	★ ★ ★ ★ ★

FAVORITE RECIPES	SERVINGS	PREP TIME	BAKING TIME

Recipe Notes

Ideas

Notes

Recipe

SERVES: **PREP TIME:** **BAKE TIME:**

Ingredients

Instructions

Recipe

SERVES: **PREP TIME:** **BAKE TIME:**

Ingredients

Instructions

Recipe

SERVES: **PREP TIME:** **BAKE TIME:**

Ingredients

Instructions

Recipe

SERVES: **PREP TIME:** **BAKE TIME:**

Ingredients

Instructions

Recipe

SERVES: **PREP TIME:** **BAKE TIME:**

Ingredients

Instructions

Recipe Planner

RECIPE:

SOURCE:

SERVINGS

RATING:

★ ★ ★ ★ ★

PREP TIME

BAKE TIME

INGREDIENTS

DIRECTIONS

Notes

Recipe Reviews

RECIPE	REVIEWS DIFFICULTY LEVEL	RATING
	1 2 3 4 5	★ ★ ★ ★ ★
	1 2 3 4 5	★ ★ ★ ★ ★
	1 2 3 4 5	★ ★ ★ ★ ★
	1 2 3 4 5	★ ★ ★ ★ ★
	1 2 3 4 5	★ ★ ★ ★ ★
	1 2 3 4 5	★ ★ ★ ★ ★
	1 2 3 4 5	★ ★ ★ ★ ★
	1 2 3 4 5	★ ★ ★ ★ ★
	1 2 3 4 5	★ ★ ★ ★ ★
	1 2 3 4 5	★ ★ ★ ★ ★
	1 2 3 4 5	★ ★ ★ ★ ★
	1 2 3 4 5	★ ★ ★ ★ ★
	1 2 3 4 5	★ ★ ★ ★ ★
	1 2 3 4 5	★ ★ ★ ★ ★
	1 2 3 4 5	★ ★ ★ ★ ★
	1 2 3 4 5	★ ★ ★ ★ ★
	1 2 3 4 5	★ ★ ★ ★ ★
	1 2 3 4 5	★ ★ ★ ★ ★
	1 2 3 4 5	★ ★ ★ ★ ★

FAVORITE RECIPES	SERVINGS	PREP TIME	BAKING TIME

Recipe Notes

Ideas

Notes

Recipe

SERVES: **PREP TIME:** **BAKE TIME:**

Ingredients

Instructions

Recipe

SERVES: **PREP TIME:** **BAKE TIME:**

Ingredients

Instructions

Recipe

SERVES: **PREP TIME:** **BAKE TIME:**

Ingredients

Instructions

Recipe

SERVES: **PREP TIME:** **BAKE TIME:**

Ingredients

Instructions

Recipe

SERVES: **PREP TIME:** **BAKE TIME:**

Ingredients

-
-
-
-
-
-
-
-
-
-

Instructions

Recipe Planner

RECIPE:

SOURCE:

SERVINGS

RATING:

★ ★ ★ ★ ★

PREP TIME

BAKE TIME

INGREDIENTS

DIRECTIONS

Notes

Recipe Reviews

RECIPE	REVIEWS DIFFICULTY LEVEL	RATING
	1 2 3 4 5	★ ★ ★ ★ ★
	1 2 3 4 5	★ ★ ★ ★ ★
	1 2 3 4 5	★ ★ ★ ★ ★
	1 2 3 4 5	★ ★ ★ ★ ★
	1 2 3 4 5	★ ★ ★ ★ ★
	1 2 3 4 5	★ ★ ★ ★ ★
	1 2 3 4 5	★ ★ ★ ★ ★
	1 2 3 4 5	★ ★ ★ ★ ★
	1 2 3 4 5	★ ★ ★ ★ ★
	1 2 3 4 5	★ ★ ★ ★ ★
	1 2 3 4 5	★ ★ ★ ★ ★
	1 2 3 4 5	★ ★ ★ ★ ★
	1 2 3 4 5	★ ★ ★ ★ ★
	1 2 3 4 5	★ ★ ★ ★ ★
	1 2 3 4 5	★ ★ ★ ★ ★
	1 2 3 4 5	★ ★ ★ ★ ★
	1 2 3 4 5	★ ★ ★ ★ ★
	1 2 3 4 5	★ ★ ★ ★ ★
	1 2 3 4 5	★ ★ ★ ★ ★

FAVORITE RECIPES   **SERVINGS**   **PREP TIME**   **BAKING TIME**

Recipe Notes

Ideas

Notes

Recipe

SERVES: **PREP TIME:** **BAKE TIME:**

Ingredients

Instructions

Recipe

SERVES:　　　**PREP TIME:**　　　**BAKE TIME:**

Ingredients

Instructions

Recipe

SERVES: **PREP TIME:** **BAKE TIME:**

Ingredients

Instructions

Recipe

SERVES: **PREP TIME:** **BAKE TIME:**

Ingredients

Instructions

Recipe

SERVES: **PREP TIME:** **BAKE TIME:**

Ingredients

Instructions

Recipe Planner

RECIPE:

SOURCE:

SERVINGS

RATING:

★ ★ ★ ★ ★

PREP TIME

BAKE TIME

INGREDIENTS

DIRECTIONS

Notes

Recipe Reviews

REVIEWS

RECIPE	DIFFICULTY LEVEL	RATING
	1 2 3 4 5	★ ★ ★ ★ ★
	1 2 3 4 5	★ ★ ★ ★ ★
	1 2 3 4 5	★ ★ ★ ★ ★
	1 2 3 4 5	★ ★ ★ ★ ★
	1 2 3 4 5	★ ★ ★ ★ ★
	1 2 3 4 5	★ ★ ★ ★ ★
	1 2 3 4 5	★ ★ ★ ★ ★
	1 2 3 4 5	★ ★ ★ ★ ★
	1 2 3 4 5	★ ★ ★ ★ ★
	1 2 3 4 5	★ ★ ★ ★ ★
	1 2 3 4 5	★ ★ ★ ★ ★
	1 2 3 4 5	★ ★ ★ ★ ★
	1 2 3 4 5	★ ★ ★ ★ ★
	1 2 3 4 5	★ ★ ★ ★ ★
	1 2 3 4 5	★ ★ ★ ★ ★
	1 2 3 4 5	★ ★ ★ ★ ★
	1 2 3 4 5	★ ★ ★ ★ ★
	1 2 3 4 5	★ ★ ★ ★ ★

FAVORITE RECIPES	SERVINGS	PREP TIME	BAKING TIME

Recipe Notes

| Ideas | Notes |

Recipe

SERVES: **PREP TIME:** **BAKE TIME:**

Ingredients

Instructions

Recipe

SERVES: **PREP TIME:** **BAKE TIME:**

Ingredients

Instructions

Recipe

SERVES: **PREP TIME:**   **BAKE TIME:**

Ingredients

Instructions

Recipe

SERVES: **PREP TIME:** **BAKE TIME:**

Ingredients

Instructions

Recipe

SERVES: **PREP TIME:** **BAKE TIME:**

Ingredients

Instructions

Recipe Planner

RECIPE:

SOURCE:

SERVINGS

RATING:

★ ★ ★ ★ ★

PREP TIME

BAKE TIME

INGREDIENTS

DIRECTIONS

Notes

Recipe Reviews

RECIPE	REVIEWS DIFFICULTY LEVEL	RATING
	1 2 3 4 5	★ ★ ★ ★ ★
	1 2 3 4 5	★ ★ ★ ★ ★
	1 2 3 4 5	★ ★ ★ ★ ★
	1 2 3 4 5	★ ★ ★ ★ ★
	1 2 3 4 5	★ ★ ★ ★ ★
	1 2 3 4 5	★ ★ ★ ★ ★
	1 2 3 4 5	★ ★ ★ ★ ★
	1 2 3 4 5	★ ★ ★ ★ ★
	1 2 3 4 5	★ ★ ★ ★ ★
	1 2 3 4 5	★ ★ ★ ★ ★
	1 2 3 4 5	★ ★ ★ ★ ★
	1 2 3 4 5	★ ★ ★ ★ ★
	1 2 3 4 5	★ ★ ★ ★ ★
	1 2 3 4 5	★ ★ ★ ★ ★
	1 2 3 4 5	★ ★ ★ ★ ★
	1 2 3 4 5	★ ★ ★ ★ ★
	1 2 3 4 5	★ ★ ★ ★ ★
	1 2 3 4 5	★ ★ ★ ★ ★
	1 2 3 4 5	★ ★ ★ ★ ★

FAVORITE RECIPES **SERVINGS** **PREP TIME** **BAKING TIME**

Recipe Notes

Ideas

Notes

Recipe

SERVES: **PREP TIME:** **BAKE TIME:**

Ingredients

Instructions

Recipe

SERVES: **PREP TIME:** **BAKE TIME:**

Ingredients

Instructions

Recipe

SERVES: **PREP TIME:** **BAKE TIME:**

Ingredients

Instructions

Recipe

SERVES: **PREP TIME:** **BAKE TIME:**

Ingredients

Instructions

Recipe

SERVES: **PREP TIME:** **BAKE TIME:**

Ingredients

Instructions

Recipe Planner

RECIPE:

SOURCE:

SERVINGS

RATING:

★ ★ ★ ★ ★

PREP TIME

BAKE TIME

INGREDIENTS

DIRECTIONS

Notes

Recipe Reviews

REVIEWS

RECIPE	DIFFICULTY LEVEL	RATING
	1 2 3 4 5	★ ★ ★ ★ ★
	1 2 3 4 5	★ ★ ★ ★ ★
	1 2 3 4 5	★ ★ ★ ★ ★
	1 2 3 4 5	★ ★ ★ ★ ★
	1 2 3 4 5	★ ★ ★ ★ ★
	1 2 3 4 5	★ ★ ★ ★ ★
	1 2 3 4 5	★ ★ ★ ★ ★
	1 2 3 4 5	★ ★ ★ ★ ★
	1 2 3 4 5	★ ★ ★ ★ ★
	1 2 3 4 5	★ ★ ★ ★ ★
	1 2 3 4 5	★ ★ ★ ★ ★
	1 2 3 4 5	★ ★ ★ ★ ★
	1 2 3 4 5	★ ★ ★ ★ ★
	1 2 3 4 5	★ ★ ★ ★ ★
	1 2 3 4 5	★ ★ ★ ★ ★
	1 2 3 4 5	★ ★ ★ ★ ★
	1 2 3 4 5	★ ★ ★ ★ ★
	1 2 3 4 5	★ ★ ★ ★ ★
	1 2 3 4 5	★ ★ ★ ★ ★

FAVORITE RECIPES	SERVINGS	PREP TIME	BAKING TIME

Recipe Notes

Ideas

Notes

Recipe

SERVES: **PREP TIME:** **BAKE TIME:**

Ingredients

Instructions

Recipe

SERVES: **PREP TIME:** **BAKE TIME:**

Ingredients

- [ ]
- [ ]
- [ ]
- [ ]
- [ ]
- [ ]
- [ ]
- [ ]
- [ ]
- [ ]
- [ ]

Instructions

Recipe

SERVES: **PREP TIME:** **BAKE TIME:**

Ingredients

Instructions

Recipe

SERVES: **PREP TIME:** **BAKE TIME:**

Ingredients

Instructions

Recipe

SERVES: **PREP TIME:** **BAKE TIME:**

Ingredients

-
-
-
-
-
-
-
-
-
-
-

Instructions

Recipe Planner

RECIPE:

SOURCE:

RATING:
★ ★ ★ ★ ★

SERVINGS

PREP TIME

BAKE TIME

INGREDIENTS

DIRECTIONS

Notes

Recipe Reviews

RECIPE

REVIEWS

DIFFICULTY LEVEL

RATING

DIFFICULTY LEVEL	RATING
1 2 3 4 5	★ ★ ★ ★ ★
1 2 3 4 5	★ ★ ★ ★ ★
1 2 3 4 5	★ ★ ★ ★ ★
1 2 3 4 5	★ ★ ★ ★ ★
1 2 3 4 5	★ ★ ★ ★ ★
1 2 3 4 5	★ ★ ★ ★ ★
1 2 3 4 5	★ ★ ★ ★ ★
1 2 3 4 5	★ ★ ★ ★ ★
1 2 3 4 5	★ ★ ★ ★ ★
1 2 3 4 5	★ ★ ★ ★ ★
1 2 3 4 5	★ ★ ★ ★ ★
1 2 3 4 5	★ ★ ★ ★ ★
1 2 3 4 5	★ ★ ★ ★ ★
1 2 3 4 5	★ ★ ★ ★ ★
1 2 3 4 5	★ ★ ★ ★ ★
1 2 3 4 5	★ ★ ★ ★ ★
1 2 3 4 5	★ ★ ★ ★ ★
1 2 3 4 5	★ ★ ★ ★ ★
1 2 3 4 5	★ ★ ★ ★ ★

FAVORITE RECIPES   **SERVINGS**   **PREP TIME**   **BAKING TIME**

Recipe Notes

Ideas	Notes

Recipe

SERVES: **PREP TIME:** **BAKE TIME:**

Ingredients

Instructions

Recipe

SERVES: **PREP TIME:** **BAKE TIME:**

Ingredients

Instructions

Recipe

SERVES: **PREP TIME:** **BAKE TIME:**

Ingredients

Instructions

Recipe

SERVES: **PREP TIME:** **BAKE TIME:**

Ingredients

- [ ]
- [ ]
- [ ]
- [ ]
- [ ]
- [ ]
- [ ]
- [ ]
- [ ]
- [ ]
- [ ]

Instructions

Recipe

SERVES: **PREP TIME:** **BAKE TIME:**

Ingredients

Instructions

Recipe Planner

RECIPE:

SOURCE:

RATING:

★ ★ ★ ★ ★

SERVINGS

PREP TIME

BAKE TIME

INGREDIENTS

DIRECTIONS

Notes

Recipe Reviews

RECIPE

REVIEWS
DIFFICULTY LEVEL

RATING

1 2 3 4 5 ★ ★ ★ ★ ★
1 2 3 4 5 ★ ★ ★ ★ ★
1 2 3 4 5 ★ ★ ★ ★ ★
1 2 3 4 5 ★ ★ ★ ★ ★
1 2 3 4 5 ★ ★ ★ ★ ★
1 2 3 4 5 ★ ★ ★ ★ ★
1 2 3 4 5 ★ ★ ★ ★ ★
1 2 3 4 5 ★ ★ ★ ★ ★
1 2 3 4 5 ★ ★ ★ ★ ★
1 2 3 4 5 ★ ★ ★ ★ ★
1 2 3 4 5 ★ ★ ★ ★ ★
1 2 3 4 5 ★ ★ ★ ★ ★
1 2 3 4 5 ★ ★ ★ ★ ★
1 2 3 4 5 ★ ★ ★ ★ ★
1 2 3 4 5 ★ ★ ★ ★ ★
1 2 3 4 5 ★ ★ ★ ★ ★
1 2 3 4 5 ★ ★ ★ ★ ★
1 2 3 4 5 ★ ★ ★ ★ ★
1 2 3 4 5 ★ ★ ★ ★ ★

FAVORITE RECIPES **SERVINGS** **PREP TIME** **BAKING TIME**

Recipe Notes

Ideas

Notes

Recipe

SERVES: **PREP TIME:**   **BAKE TIME:**

Ingredients

Instructions

Recipe

SERVES: **PREP TIME:** **BAKE TIME:**

Ingredients

Instructions

Recipe

SERVES: **PREP TIME:** **BAKE TIME:**

Ingredients

Instructions

Recipe

SERVES: **PREP TIME:** **BAKE TIME:**

Ingredients

Instructions

Recipe

SERVES: **PREP TIME:**   **BAKE TIME:**

Ingredients

-
-
-
-
-
-
-
-
-
-
-

-
-
-
-
-
-
-
-
-
-
-

-
-
-
-
-
-
-
-
-
-
-

Instructions

Recipe Planner

RECIPE:

SOURCE:

RATING:
★ ★ ★ ★ ★

SERVINGS

PREP TIME

BAKE TIME

INGREDIENTS

DIRECTIONS

Notes

Recipe Reviews

RECIPE

REVIEWS

DIFFICULTY LEVEL

1 2 3 4 5
1 2 3 4 5
1 2 3 4 5
1 2 3 4 5
1 2 3 4 5
1 2 3 4 5
1 2 3 4 5
1 2 3 4 5
1 2 3 4 5
1 2 3 4 5
1 2 3 4 5
1 2 3 4 5
1 2 3 4 5
1 2 3 4 5
1 2 3 4 5
1 2 3 4 5
1 2 3 4 5
1 2 3 4 5
1 2 3 4 5

RATING

★ ★ ★ ★ ★
★ ★ ★ ★ ★
★ ★ ★ ★ ★
★ ★ ★ ★ ★
★ ★ ★ ★ ★
★ ★ ★ ★ ★
★ ★ ★ ★ ★
★ ★ ★ ★ ★
★ ★ ★ ★ ★
★ ★ ★ ★ ★
★ ★ ★ ★ ★
★ ★ ★ ★ ★
★ ★ ★ ★ ★
★ ★ ★ ★ ★
★ ★ ★ ★ ★
★ ★ ★ ★ ★
★ ★ ★ ★ ★
★ ★ ★ ★ ★
★ ★ ★ ★ ★

FAVORITE RECIPES   **SERVINGS**   **PREP TIME**   **BAKING TIME**

Recipe Notes

Ideas	Notes

Recipe

SERVES: **PREP TIME:** **BAKE TIME:**

Ingredients

Instructions

Recipe

SERVES: **PREP TIME:** **BAKE TIME:**

Ingredients

Instructions

Recipe

SERVES: **PREP TIME:** **BAKE TIME:**

Ingredients

-
-
-
-
-
-
-
-
-
-
-

-
-
-
-
-
-
-
-
-
-
-

-
-
-
-
-
-
-
-
-
-

Instructions

Recipe

SERVES: **PREP TIME:** **BAKE TIME:**

Ingredients

Instructions

Recipe

SERVES: **PREP TIME:** **BAKE TIME:**

Ingredients

-
-
-
-
-
-
-
-
-
-
-

Instructions

Recipe Planner

RECIPE:

SOURCE:

SERVINGS

RATING:
★ ★ ★ ★ ★

PREP TIME

BAKE TIME

INGREDIENTS

DIRECTIONS

Notes

Recipe Reviews

REVIEWS

RECIPE	DIFFICULTY LEVEL	RATING
	1 2 3 4 5	★ ★ ★ ★ ★
	1 2 3 4 5	★ ★ ★ ★ ★
	1 2 3 4 5	★ ★ ★ ★ ★
	1 2 3 4 5	★ ★ ★ ★ ★
	1 2 3 4 5	★ ★ ★ ★ ★
	1 2 3 4 5	★ ★ ★ ★ ★
	1 2 3 4 5	★ ★ ★ ★ ★
	1 2 3 4 5	★ ★ ★ ★ ★
	1 2 3 4 5	★ ★ ★ ★ ★
	1 2 3 4 5	★ ★ ★ ★ ★
	1 2 3 4 5	★ ★ ★ ★ ★
	1 2 3 4 5	★ ★ ★ ★ ★
	1 2 3 4 5	★ ★ ★ ★ ★
	1 2 3 4 5	★ ★ ★ ★ ★
	1 2 3 4 5	★ ★ ★ ★ ★
	1 2 3 4 5	★ ★ ★ ★ ★
	1 2 3 4 5	★ ★ ★ ★ ★
	1 2 3 4 5	★ ★ ★ ★ ★
	1 2 3 4 5	★ ★ ★ ★ ★

FAVORITE RECIPES **SERVINGS** **PREP TIME** **BAKING TIME**

Recipe Notes

Ideas

Notes

Recipe

SERVES: **PREP TIME:** **BAKE TIME:**

Ingredients

Instructions

Recipe

SERVES: **PREP TIME:** **BAKE TIME:**

Ingredients

Instructions

Recipe

SERVES: **PREP TIME:** **BAKE TIME:**

Ingredients

Instructions

Recipe

SERVES: **PREP TIME:** **BAKE TIME:**

Ingredients

Instructions

Recipe

SERVES: **PREP TIME:** **BAKE TIME:**

Ingredients

Instructions

Recipe Planner

RECIPE:

SOURCE:

SERVINGS

RATING:

★ ★ ★ ★ ★

PREP TIME

BAKE TIME

INGREDIENTS

DIRECTIONS

Notes

Recipe Reviews

REVIEWS

RECIPE	DIFFICULTY LEVEL	RATING
	1 2 3 4 5	★ ★ ★ ★ ★
	1 2 3 4 5	★ ★ ★ ★ ★
	1 2 3 4 5	★ ★ ★ ★ ★
	1 2 3 4 5	★ ★ ★ ★ ★
	1 2 3 4 5	★ ★ ★ ★ ★
	1 2 3 4 5	★ ★ ★ ★ ★
	1 2 3 4 5	★ ★ ★ ★ ★
	1 2 3 4 5	★ ★ ★ ★ ★
	1 2 3 4 5	★ ★ ★ ★ ★
	1 2 3 4 5	★ ★ ★ ★ ★
	1 2 3 4 5	★ ★ ★ ★ ★
	1 2 3 4 5	★ ★ ★ ★ ★
	1 2 3 4 5	★ ★ ★ ★ ★
	1 2 3 4 5	★ ★ ★ ★ ★
	1 2 3 4 5	★ ★ ★ ★ ★
	1 2 3 4 5	★ ★ ★ ★ ★
	1 2 3 4 5	★ ★ ★ ★ ★
	1 2 3 4 5	★ ★ ★ ★ ★
	1 2 3 4 5	★ ★ ★ ★ ★

FAVORITE RECIPES	SERVINGS	PREP TIME	BAKING TIME

Recipe Notes

Ideas

Notes

Recipe

SERVES: **PREP TIME:** **BAKE TIME:**

Ingredients

Instructions

Recipe

SERVES: **PREP TIME:** **BAKE TIME:**

Ingredients

Instructions

Recipe

SERVES: **PREP TIME:** **BAKE TIME:**

Ingredients

Instructions

Recipe

SERVES: **PREP TIME:** **BAKE TIME:**

Ingredients

- [ ]
- [ ]
- [ ]
- [ ]
- [ ]
- [ ]
- [ ]
- [ ]
- [ ]
- [ ]
- [ ]

Instructions

Recipe

SERVES: **PREP TIME:** **BAKE TIME:**

Ingredients

Instructions

Recipe Planner

RECIPE:

SOURCE:

SERVINGS

RATING:

★ ★ ★ ★ ★

PREP TIME

BAKE TIME

INGREDIENTS

DIRECTIONS

Notes

Made in the USA
Las Vegas, NV
22 August 2021